献给我的父母，感谢你们一直让我随心而动、随意而行。

谢谢一直支持我、让我走得更远的尼古拉。

好忙好忙的风信子

好忙好忙的风信子

Hao Mang Hao Mang de Fengxinzi

出版统筹：汤文辉
策划监制：柳　漾
编辑总监：周　英
项目主管：石诗瑶
责任编辑：冒海燕　程延宏
美术编辑：李　坤　邓　莉
责任技编：李春林

图书在版编目（CIP）数据

好忙好忙的风信子／（法）蒙路布著绘；余婷婷译．一桂林：广西师范大学出版社，2016.5
（魔法象．图画书王国）
书名原文：A Busy Girl Jacinthe
ISBN 978-7-5495-8215-0

Ⅰ．①好… Ⅱ．①蒙…②余… Ⅲ．①儿童文学－图画故事－法国－现代 Ⅳ．① I565.85

中国版本图书馆 CIP 数据核字（2016）第 104791 号

广西师范大学出版社出版发行
（广西桂林市中华路 22 号　邮政编码：541001
网址：http://www.bbtpress.com）
出版人：张艺兵
全国新华书店经销
北京盛通印刷股份有限公司印刷
（北京经济技术开发区经海三路 18 号　邮政编码：100176）
开本：889 mm × 1 000 mm　1/16
印张：2.5　　插页：8　　字数：20 千字
2016 年 5 月第 1 版　2016 年 5 月第 1 次印刷
定价：34. 80 元

好忙好忙的风信子

〔法〕露荷 · 蒙路布 / 著 · 绘　余婷婷 / 译

GUANGXI NORMAL UNIVERSITY PRESS
广西师范大学出版社
· 桂林 ·

每到星期一，风信子一放学就得去上游泳课，不管刮风下雨。

回到家里，她先喝一碗热汤，接着复习功课，然后乖乖上床睡觉。

一到星期二，风信子会乖乖地去上空手道课。

回家之后，又累又困，她只好马上睡觉。

到了星期三，风信子得跟拉比太太上美育课。

星期四下午五点，她必须去学希腊瑟塔基舞。

到了星期五，还有体操课。

接连几天，一到晚上八点半，她就迷迷糊糊地睡着了。

你看，这就是小女孩风信子一周的生活。她好忙好忙，几乎要赶上在政府工作的部长了。

爸爸妈妈开了一家生产布谷鸟钟的公司。他们一次又一次地对风信子说：“这样才不会浪费宝贵的时间。”

风信子的同学玛蒂尔德想邀请她去家里吃点心……

可是不行啊！因为风信子星期六要学马术，还要学法国传统的布雷舞。

星期四下午，风信子上完舞蹈课回到家里。正吃着意大利面，她看到了玛蒂尔德写的邀请信。

亲爱的风信子，

我想邀请你这个星期六下午到我家吃点心，希望你能留下来和我一块儿玩，这样我会很开心的！

亲亲！

玛蒂尔德

这可是正式的邀请，所以，爸爸妈妈破例允许风信子当天不用上马术课和舞蹈课。她的时间安排第一次被打乱了！

星期六下午，两点零六分，风信子按响了玛蒂尔德家的门铃。

“你好呀，风信子！欢迎你来我家玩！今天天气可真好呀！吃点心前你想玩些什么呢？”

什么？不会吧！怎么会问这种问题？

今天下午没有任何计划吗？

没有准备好任何活动吗？

难道没有提前想好

今天要玩什么游戏？

玛蒂尔德说：“在我家，什么计划都没有，也没有什么安排好的时间表……

只有自由！”

自由？

这可真新鲜啊！什么计划都没有，这感觉……还挺舒服的。

结果，整个下午，一直到很晚，两个女孩都没有下楼去吃点心。玛蒂尔德的妈妈很疑惑，上楼去叫她们：“你们在做什么呢？”

“什么都没做——”

玛蒂尔德和风信子一起大声说。